Ce carnet
appartient a

....

....

🏠Nom :

....

🌐L'adresse du site :

....

👤 Nom d'utilisateur :

....

🔒 Mot de passe :

....

💬Remarques :

....

....

◄━━━━━━━━━━━━━━━━━━━━━━━━◄⟩〇⟨►━━━━━━━━━━━━━━━━━━━━━━━━►

🏠Nom :

....

🌐L'adresse du site :

....

👤 Nom d'utilisateur :

....

🔒 Mot de passe :

....

💬Remarques :

....

....

◄━━━━━━━━━━━━━━━━━━━━━━━━◄⟩〇⟨►━━━━━━━━━━━━━━━━━━━━━━━━►

🏠Nom :

....

🌐L'adresse du site :

....

👤 Nom d'utilisateur :

....

🔒 Mot de passe :

....

💬Remarques :

....

....

🏠Nom : ....

🌐L'adresse du site : ....

👤Nom d'utilisateur : ....

🔒Mot de passe : ....

💬Remarques : ....

....

◆◄◄•●•————————⇒✕⇐————————•●•►►◆

🏠Nom : ....

🌐L'adresse du site : ....

👤Nom d'utilisateur : ....

🔒Mot de passe : ....

💬Remarques : ....

....

◆◄◄•●•————————⇒✕⇐————————•●•►►◆

🏠Nom : ....

🌐L'adresse du site : ....

👤Nom d'utilisateur : ....

🔒Mot de passe : ....

💬Remarques : ....

....

🏠Nom :

....

🌐L'adresse du site :

....

👤 Nom d'utilisateur :

....

🔒 Mot de passe :

....

💬Remarques :

....

....

◆─────────────────────────────────────◆

🏠Nom :

....

🌐L'adresse du site :

....

👤 Nom d'utilisateur :

....

🔒 Mot de passe :

....

💬Remarques :

....

....

◆─────────────────────────────────────◆

🏠Nom :

....

🌐L'adresse du site :

....

👤 Nom d'utilisateur :

....

🔒 Mot de passe :

....

💬Remarques :

....

....

🏠 Nom :

....

🌐 L'adresse du site :

....

👤 Nom d'utilisateur :

....

🔒 Mot de passe :

....

💬 Remarques :

....

....

◆─────────────⟫◯⟪─────────────◆

🏠 Nom :

....

🌐 L'adresse du site :

....

👤 Nom d'utilisateur :

....

🔒 Mot de passe :

....

💬 Remarques :

....

....

◆─────────────⟫◯⟪─────────────◆

🏠 Nom :

....

🌐 L'adresse du site :

....

👤 Nom d'utilisateur :

....

🔒 Mot de passe :

....

💬 Remarques :

....

....

🏠Nom :

🌐L'adresse du site :

👤 Nom d'utilisateur :

🔒 Mot de passe :

💬Remarques :

🏠Nom :

🌐L'adresse du site :

👤 Nom d'utilisateur :

🔒 Mot de passe :

💬Remarques :

🏠Nom :

🌐L'adresse du site :

👤 Nom d'utilisateur :

🔒 Mot de passe :

💬Remarques :

🏠 Nom :

....

🌐 L'adresse du site :

....

👤 Nom d'utilisateur :

....

🔒 Mot de passe :

....

💬 Remarques :

....

....

◆———————————————————————◆

🏠 Nom :

....

🌐 L'adresse du site :

....

👤 Nom d'utilisateur :

....

🔒 Mot de passe :

....

💬 Remarques :

....

....

◆———————————————————————◆

🏠 Nom :

....

🌐 L'adresse du site :

....

👤 Nom d'utilisateur :

....

🔒 Mot de passe :

....

💬 Remarques :

....

🏠Nom :

🌐L'adresse du site :

👤 Nom d'utilisateur :

🔒 Mot de passe :

💬Remarques :

🏠Nom :

🌐L'adresse du site :

👤 Nom d'utilisateur :

🔒 Mot de passe :

💬Remarques :

🏠Nom :

🌐L'adresse du site :

👤 Nom d'utilisateur :

🔒 Mot de passe :

💬Remarques :

🏠Nom : ....

🌐L'adresse du site : ....

👤Nom d'utilisateur : ....

🔒Mot de passe : ....

💬Remarques : ....

....

🏠Nom : ....

🌐L'adresse du site : ....

👤Nom d'utilisateur : ....

🔒Mot de passe : ....

💬Remarques : ....

....

🏠Nom : ....

🌐L'adresse du site : ....

👤Nom d'utilisateur : ....

🔒Mot de passe : ....

💬Remarques : ....

....

🏠Nom :

🌐L'adresse du site :

👤 Nom d'utilisateur :

🔒 Mot de passe :

💬Remarques :

🏠Nom :

🌐L'adresse du site :

👤 Nom d'utilisateur :

🔒 Mot de passe :

💬Remarques :

🏠Nom :

🌐L'adresse du site :

👤 Nom d'utilisateur :

🔒 Mot de passe :

💬Remarques :

🏠Nom :

🌐L'adresse du site :

👤Nom d'utilisateur :

🔒Mot de passe :

💬Remarques :

🏠Nom :

🌐L'adresse du site :

👤Nom d'utilisateur :

🔒Mot de passe :

💬Remarques :

🏠Nom :

🌐L'adresse du site :

👤Nom d'utilisateur :

🔒Mot de passe :

💬Remarques :

🏠Nom :
....

🌐L'adresse du site :
....

👤 Nom d'utilisateur :
....

🔒 Mot de passe :
....

💬Remarques :
....
....

◆━━━━━━━━━━━━━━━━━━━━➤✕⟵━━━━━━━━━━◆

🏠Nom :
....

🌐L'adresse du site :
....

👤 Nom d'utilisateur :
....

🔒 Mot de passe :
....

💬Remarques :
....
....

◆━━━━━━━━━━━━━━━━━━━━➤✕⟵━━━━━━━━━━◆

🏠Nom :
....

🌐L'adresse du site :
....

👤 Nom d'utilisateur :
....

🔒 Mot de passe :
....

💬Remarques :
....
....

🏠 Nom :

....

🌐 L'adresse du site :

....

👤 Nom d'utilisateur :

....

🔒 Mot de passe :

....

💬 Remarques :

....

....

◆◄◄•●•━━━━━━━━━━━━━━━━━━━━━━━━━━━━━●•••◄◄◆

🏠 Nom :

....

🌐 L'adresse du site :

....

👤 Nom d'utilisateur :

....

🔒 Mot de passe :

....

💬 Remarques :

....

....

◆◄◄•●•━━━━━━━━━━━━━━━━━━━━━━━━━━━━━●•••◄◄◆

🏠 Nom :

....

🌐 L'adresse du site :

....

👤 Nom d'utilisateur :

....

🔒 Mot de passe :

....

💬 Remarques :

....

....

🏠Nom :

....

🌐L'adresse du site :

....

👤Nom d'utilisateur :

....

🔒Mot de passe :

....

💬Remarques :

....

....

⬅━━━━━━━━━━━━━━➤◯⬅━━━━━━━━━━━━━━➤

🏠Nom :

....

🌐L'adresse du site :

....

👤Nom d'utilisateur :

....

🔒Mot de passe :

....

💬Remarques :

....

....

⬅━━━━━━━━━━━━━━➤◯⬅━━━━━━━━━━━━━━➤

🏠Nom :

....

🌐L'adresse du site :

....

👤Nom d'utilisateur :

....

🔒Mot de passe :

....

💬Remarques :

....

....

🏠Nom : ....

🌐L'adresse du site : ....

👤Nom d'utilisateur : ....

🔒Mot de passe : ....

💬Remarques : ....

....

✦◄◄•●•————————————»〇«————————•●•►►✦

🏠Nom : ....

🌐L'adresse du site : ....

👤Nom d'utilisateur : ....

🔒Mot de passe : ....

💬Remarques : ....

....

✦◄◄•●•————————————»〇«————————•●•►►✦

🏠Nom : ....

🌐L'adresse du site : ....

👤Nom d'utilisateur : ....

🔒Mot de passe : ....

💬Remarques : ....

....

🏠Nom :
....

🌐L'adresse du site :
....

👤 Nom d'utilisateur :
....

🔒 Mot de passe :
....

💬Remarques :
....

....

━━◆◄◄•••━━━━━━━━━━━━━━━⇒⟩〇⟨⇐━━━━━━━•••►►◆━━

🏠Nom :
....

🌐L'adresse du site :
....

👤 Nom d'utilisateur :
....

🔒 Mot de passe :
....

💬Remarques :
....

....

━━◆◄◄•••━━━━━━━━━━━━━━━⇒⟩〇⟨⇐━━━━━━━•••►►◆━━

🏠Nom :
....

🌐L'adresse du site :
....

👤 Nom d'utilisateur :
....

🔒 Mot de passe :
....

💬Remarques :
....

....

🏠Nom :
....

🌐L'adresse du site :
....

👤Nom d'utilisateur :
....

🔒Mot de passe :
....

💬Remarques :
....

....

━━━◆◄◄•●•━━━━━━━━━━━━━━━⟫⟨⟨━━━━━━━━━•●•►►◆━━━

🏠Nom :
....

🌐L'adresse du site :
....

👤Nom d'utilisateur :
....

🔒Mot de passe :
....

💬Remarques :
....

....

━━━◆◄◄•●•━━━━━━━━━━━━━━━⟫⟨⟨━━━━━━━━━•●•►►◆━━━

🏠Nom :
....

🌐L'adresse du site :
....

👤Nom d'utilisateur :
....

🔒Mot de passe :
....

💬Remarques :
....

....

🏠Nom :

🌐L'adresse du site :

👤 Nom d'utilisateur :

🔒 Mot de passe :

💬Remarques :

🏠Nom :

🌐L'adresse du site :

👤 Nom d'utilisateur :

🔒 Mot de passe :

💬Remarques :

🏠Nom :

🌐L'adresse du site :

👤 Nom d'utilisateur :

🔒 Mot de passe :

💬Remarques :

🏠 Nom :
....

🌐 L'adresse du site :
....

👤 Nom d'utilisateur :
....

🔒 Mot de passe :
....

💬 Remarques :
....

....

🏠 Nom :
....

🌐 L'adresse du site :
....

👤 Nom d'utilisateur :
....

🔒 Mot de passe :
....

💬 Remarques :
....

....

🏠 Nom :
....

🌐 L'adresse du site :
....

👤 Nom d'utilisateur :
....

🔒 Mot de passe :
....

💬 Remarques :
....

....

Nom :
....

L'adresse du site :
....

Nom d'utilisateur :
....

Mot de passe :
....

Remarques :
....

....

Nom :
....

L'adresse du site :
....

Nom d'utilisateur :
....

Mot de passe :
....

Remarques :
....

....

Nom :
....

L'adresse du site :
....

Nom d'utilisateur :
....

Mot de passe :
....

Remarques :
....

....

🏠Nom :

....

🌐L'adresse du site :

....

👤Nom d'utilisateur :

....

🔒Mot de passe :

....

💬Remarques :

....

....

———◆◂◂•●•————————◆◗◗⟩⟨◖◖———————•●•◂◂◆———

🏠Nom :

....

🌐L'adresse du site :

....

👤Nom d'utilisateur :

....

🔒Mot de passe :

....

💬Remarques :

....

....

———◆◂◂•●•————————◆◗◗⟩⟨◖◖———————•●•◂◂◆———

🏠Nom :

....

🌐L'adresse du site :

....

👤Nom d'utilisateur :

....

🔒Mot de passe :

....

💬Remarques :

....

....

🏠Nom :

🌐L'adresse du site :

👤 Nom d'utilisateur :

🔒 Mot de passe :

💬Remarques :

────────◆─────────

🏠Nom :

🌐L'adresse du site :

👤 Nom d'utilisateur :

🔒 Mot de passe :

💬Remarques :

────────◆─────────

🏠Nom :

🌐L'adresse du site :

👤 Nom d'utilisateur :

🔒 Mot de passe :

💬Remarques :

🏠Nom :

🌐L'adresse du site :

👤Nom d'utilisateur :

🔒Mot de passe :

💬Remarques :

🏠Nom :

🌐L'adresse du site :

👤Nom d'utilisateur :

🔒Mot de passe :

💬Remarques :

🏠Nom :

🌐L'adresse du site :

👤Nom d'utilisateur :

🔒Mot de passe :

💬Remarques :

🏠Nom :

🌐L'adresse du site :

👤 Nom d'utilisateur :

🔒 Mot de passe :

💬Remarques :

🏠Nom :

🌐L'adresse du site :

👤 Nom d'utilisateur :

🔒 Mot de passe :

💬Remarques :

🏠Nom :

🌐L'adresse du site :

👤 Nom d'utilisateur :

🔒 Mot de passe :

💬Remarques :

🏠 Nom :

....

🌐 L'adresse du site :

....

👤 Nom d'utilisateur :

....

🔒 Mot de passe :

....

💬 Remarques :

....

....

———————————————◆◆●●——————————»⟩⟨«——————————●●◆◆———————————

🏠 Nom :

....

🌐 L'adresse du site :

....

👤 Nom d'utilisateur :

....

🔒 Mot de passe :

....

💬 Remarques :

....

....

———————————————◆◆●●——————————»⟩⟨«——————————●●◆◆———————————

🏠 Nom :

....

🌐 L'adresse du site :

....

👤 Nom d'utilisateur :

....

🔒 Mot de passe :

....

💬 Remarques :

....

....

🏠Nom :

....

🌐L'adresse du site :

....

👤Nom d'utilisateur :

....

🔒Mot de passe :

....

💬Remarques :

....

....

━━◄◄•••━━━━━━━━━━━━━━━━━━━━━━━━━━━━━━━━━━

🏠Nom :

....

🌐L'adresse du site :

....

👤Nom d'utilisateur :

....

🔒Mot de passe :

....

💬Remarques :

....

....

━━◄◄•••━━━━━━━━━━━━━━━━━━━━━━━━━━━━━━━━━━

🏠Nom :

....

🌐L'adresse du site :

....

👤Nom d'utilisateur :

....

🔒Mot de passe :

....

💬Remarques :

....

....

🏠Nom :

....

🌐L'adresse du site :

....

👤Nom d'utilisateur :

....

🔒Mot de passe :

....

💬Remarques :

....

....

🏠Nom :

....

🌐L'adresse du site :

....

👤Nom d'utilisateur :

....

🔒Mot de passe :

....

💬Remarques :

....

....

🏠Nom :

....

🌐L'adresse du site :

....

👤Nom d'utilisateur :

....

🔒Mot de passe :

....

💬Remarques :

....

....

⌂Nom :

....

⊕L'adresse du site :

....

♟ Nom d'utilisateur :

....

🔒 Mot de passe :

....

💬Remarques :

....

....

◆◀┼┼•••━━━━━━━━⇉〇⇇━━━━━•━•▶◆

⌂Nom :

....

⊕L'adresse du site :

....

♟ Nom d'utilisateur :

....

🔒 Mot de passe :

....

💬Remarques :

....

....

◆◀┼┼•••━━━━━━━━⇉〇⇇━━━━━•━•▶◆

⌂Nom :

....

⊕L'adresse du site :

....

♟ Nom d'utilisateur :

....

🔒 Mot de passe :

....

💬Remarques :

....

....

🏠Nom :

....

🌐L'adresse du site :

....

👤Nom d'utilisateur :

....

🔒Mot de passe :

....

💬Remarques :

....

....

🏠Nom :

....

🌐L'adresse du site :

....

👤Nom d'utilisateur :

....

🔒Mot de passe :

....

💬Remarques :

....

....

🏠Nom :

....

🌐L'adresse du site :

....

👤Nom d'utilisateur :

....

🔒Mot de passe :

....

💬Remarques :

....

....

🏠Nom :

....

🌐L'adresse du site :

....

👤 Nom d'utilisateur :

....

🔒 Mot de passe :

....

💬Remarques :

....

....

◆━◀◀•••━━━━━━━━━━━━━━━➤➤)(←←━━━━━━━━•••••━◀◀◀•◆

🏠Nom :

....

🌐L'adresse du site :

....

👤 Nom d'utilisateur :

....

🔒 Mot de passe :

....

💬Remarques :

....

....

◆━◀◀•••━━━━━━━━━━━━━━━➤➤)(←←━━━━━━━━•••••━◀◀◀•◆

🏠Nom :

....

🌐L'adresse du site :

....

👤 Nom d'utilisateur :

....

🔒 Mot de passe :

....

💬Remarques :

....

....

🏠 Nom :
....

🌐 L'adresse du site :
....

👤 Nom d'utilisateur :
....

🔒 Mot de passe :
....

💬 Remarques :
....

....

━━━━◆◄◄•••━━━━━━━━━━━━►►◯◄◄━━━━━━━━━━━•••►►◆━━━━

🏠 Nom :
....

🌐 L'adresse du site :
....

👤 Nom d'utilisateur :
....

🔒 Mot de passe :
....

💬 Remarques :
....

....

━━━━◆◄◄•••━━━━━━━━━━━━►►◯◄◄━━━━━━━━━━━•••►►◆━━━━

🏠 Nom :
....

🌐 L'adresse du site :
....

👤 Nom d'utilisateur :
....

🔒 Mot de passe :
....

💬 Remarques :
....

....

🏠Nom :
....

🌐L'adresse du site :
....

👤 Nom d'utilisateur :
....

🔒 Mot de passe :
....

💬Remarques :
....

....

❖━━━━━━━━━━━━━━━━━━━━❖━━━━━━━━━━━━━━━━❖

🏠Nom :
....

🌐L'adresse du site :
....

👤 Nom d'utilisateur :
....

🔒 Mot de passe :
....

💬Remarques :
....

....

❖━━━━━━━━━━━━━━━━━━━━❖━━━━━━━━━━━━━━━━❖

🏠Nom :
....

🌐L'adresse du site :
....

👤 Nom d'utilisateur :
....

🔒 Mot de passe :
....

💬Remarques :
....

....

Nom :

L'adresse du site :

Nom d'utilisateur :

Mot de passe :

Remarques :

Nom :

L'adresse du site :

Nom d'utilisateur :

Mot de passe :

Remarques :

Nom :

L'adresse du site :

Nom d'utilisateur :

Mot de passe :

Remarques :

🏠Nom :

🌐L'adresse du site :

👤 Nom d'utilisateur :

🔒 Mot de passe :

💬Remarques :

🏠Nom :

🌐L'adresse du site :

👤 Nom d'utilisateur :

🔒 Mot de passe :

💬Remarques :

🏠Nom :

🌐L'adresse du site :

👤 Nom d'utilisateur :

🔒 Mot de passe :

💬Remarques :

Nom :

L'adresse du site :

Nom d'utilisateur :

Mot de passe :

Remarques :

Nom :

L'adresse du site :

Nom d'utilisateur :

Mot de passe :

Remarques :

Nom :

L'adresse du site :

Nom d'utilisateur :

Mot de passe :

Remarques :

🏠Nom :

🌐L'adresse du site :

👤 Nom d'utilisateur :

🔒 Mot de passe :

💬Remarques :

🏠Nom :

🌐L'adresse du site :

👤 Nom d'utilisateur :

🔒 Mot de passe :

💬Remarques :

🏠Nom :

🌐L'adresse du site :

👤 Nom d'utilisateur :

🔒 Mot de passe :

💬Remarques :

🏠 Nom :
....

🌐 L'adresse du site :
....

👤 Nom d'utilisateur :
....

🔒 Mot de passe :
....

💬 Remarques :
....

....

◆◄◄•••━━━━━━━━━━→→)(←←━━━━━━━━━•••►►◆

🏠 Nom :
....

🌐 L'adresse du site :
....

👤 Nom d'utilisateur :
....

🔒 Mot de passe :
....

💬 Remarques :
....

....

◆◄◄•••━━━━━━━━━━→→)(←←━━━━━━━━━•••►►◆

🏠 Nom :
....

🌐 L'adresse du site :
....

👤 Nom d'utilisateur :
....

🔒 Mot de passe :
....

💬 Remarques :
....

....

🏠Nom :

🌐L'adresse du site :

👤 Nom d'utilisateur :

🔒 Mot de passe :

💬Remarques :

🏠Nom :

🌐L'adresse du site :

👤 Nom d'utilisateur :

🔒 Mot de passe :

💬Remarques :

🏠Nom :

🌐L'adresse du site :

👤 Nom d'utilisateur :

🔒 Mot de passe :

💬Remarques :

🏠Nom :

🌐L'adresse du site :

👤Nom d'utilisateur :

🔒Mot de passe :

💬Remarques :

⬥◀◀•●•————————————➤◁◁————————————•●•▶▶◀⬥

🏠Nom :

🌐L'adresse du site :

👤Nom d'utilisateur :

🔒Mot de passe :

💬Remarques :

⬥◀◀•●•————————————➤◁◁————————————•●•▶▶◀⬥

🏠Nom :

🌐L'adresse du site :

👤Nom d'utilisateur :

🔒Mot de passe :

💬Remarques :

🏠Nom :

....

🌐L'adresse du site :

....

👤 Nom d'utilisateur :

....

🔒 Mot de passe :

....

💬Remarques :

....

....

◄━━━━━━━━━━━━━━━━━━━━━━━━━━━━━━━━━━━━━►

🏠Nom :

....

🌐L'adresse du site :

....

👤 Nom d'utilisateur :

....

🔒 Mot de passe :

....

💬Remarques :

....

....

◄━━━━━━━━━━━━━━━━━━━━━━━━━━━━━━━━━━━━━►

🏠Nom :

....

🌐L'adresse du site :

....

👤 Nom d'utilisateur :

....

🔒 Mot de passe :

....

💬Remarques :

....

....

Nom :

L'adresse du site :

Nom d'utilisateur :

Mot de passe :

Remarques :

Nom :

L'adresse du site :

Nom d'utilisateur :

Mot de passe :

Remarques :

Nom :

L'adresse du site :

Nom d'utilisateur :

Mot de passe :

Remarques :

🏠Nom :

....

🌐L'adresse du site :

....

👤 Nom d'utilisateur :

....

🔒 Mot de passe :

....

💬Remarques :

....

....

◄────────◄◄••─────────────────→→〇←←──────────•─••►►───►

🏠Nom :

....

🌐L'adresse du site :

....

👤 Nom d'utilisateur :

....

🔒 Mot de passe :

....

💬Remarques :

....

....

◄────────◄◄••─────────────────→→〇←←──────────•─••►►───►

🏠Nom :

....

🌐L'adresse du site :

....

👤 Nom d'utilisateur :

....

🔒 Mot de passe :

....

💬Remarques :

....

....

🏠 Nom :

....

🌐 L'adresse du site :

....

👤 Nom d'utilisateur :

....

🔒 Mot de passe :

....

💬 Remarques :

....

....

━━━

🏠 Nom :

....

🌐 L'adresse du site :

....

👤 Nom d'utilisateur :

....

🔒 Mot de passe :

....

💬 Remarques :

....

....

━━━

🏠 Nom :

....

🌐 L'adresse du site :

....

👤 Nom d'utilisateur :

....

🔒 Mot de passe :

....

💬 Remarques :

....

....

🏠Nom :

🌐L'adresse du site :

👤 Nom d'utilisateur :

🔒 Mot de passe :

💬Remarques :

🏠Nom :

🌐L'adresse du site :

👤 Nom d'utilisateur :

🔒 Mot de passe :

💬Remarques :

🏠Nom :

🌐L'adresse du site :

👤 Nom d'utilisateur :

🔒 Mot de passe :

💬Remarques :

🏠Nom :
....

🌐L'adresse du site :
....

👤Nom d'utilisateur :
....

🔒Mot de passe :
....

💬Remarques :
....

....

◆◄◄•●•————————————»〉〈«————————————•●•►►◆

🏠Nom :
....

🌐L'adresse du site :
....

👤Nom d'utilisateur :
....

🔒Mot de passe :
....

💬Remarques :
....

....

◆◄◄•●•————————————»〉〈«————————————•●•►►◆

🏠Nom :
....

🌐L'adresse du site :
....

👤Nom d'utilisateur :
....

🔒Mot de passe :
....

💬Remarques :
....

....

🏠Nom :
....

🌐L'adresse du site :
....

👤Nom d'utilisateur :
....

🔒Mot de passe :
....

💬Remarques :
....
....

◆━━◆━━━━━━━━━━━━━━━━━━⟫◯⟪━━━━━━━━━━━━◆━━◆

🏠Nom :
....

🌐L'adresse du site :
....

👤Nom d'utilisateur :
....

🔒Mot de passe :
....

💬Remarques :
....
....

◆━━◆━━━━━━━━━━━━━━━━━━⟫◯⟪━━━━━━━━━━━━◆━━◆

🏠Nom :
....

🌐L'adresse du site :
....

👤Nom d'utilisateur :
....

🔒Mot de passe :
....

💬Remarques :
....
....

🏠 Nom :

🌐 L'adresse du site :

👤 Nom d'utilisateur :

🔒 Mot de passe :

💬 Remarques :

🏠 Nom :

🌐 L'adresse du site :

👤 Nom d'utilisateur :

🔒 Mot de passe :

💬 Remarques :

🏠 Nom :

🌐 L'adresse du site :

👤 Nom d'utilisateur :

🔒 Mot de passe :

💬 Remarques :

🏠Nom :

....

🌐L'adresse du site :

....

👤 Nom d'utilisateur :

....

🔒 Mot de passe :

....

💬Remarques :

....

....

◄━━━●━━━━━━━━━━━━━━⟫○⟪━━━━━━━━━●━━━►

🏠Nom :

....

🌐L'adresse du site :

....

👤 Nom d'utilisateur :

....

🔒 Mot de passe :

....

💬Remarques :

....

....

◄━━━●━━━━━━━━━━━━━━⟫○⟪━━━━━━━━━●━━━►

🏠Nom :

....

🌐L'adresse du site :

....

👤 Nom d'utilisateur :

....

🔒 Mot de passe :

....

💬Remarques :

....

....

Nom :
....

L'adresse du site :
....

Nom d'utilisateur :
....

Mot de passe :
....

Remarques :
....

....

Nom :
....

L'adresse du site :
....

Nom d'utilisateur :
....

Mot de passe :
....

Remarques :
....

....

Nom :
....

L'adresse du site :
....

Nom d'utilisateur :
....

Mot de passe :
....

Remarques :
....

....

Nom :

....

L'adresse du site :

....

Nom d'utilisateur :

....

Mot de passe :

....

Remarques :

....

....

Nom :

....

L'adresse du site :

....

Nom d'utilisateur :

....

Mot de passe :

....

Remarques :

....

....

Nom :

....

L'adresse du site :

....

Nom d'utilisateur :

....

Mot de passe :

....

Remarques :

....

....

🏠 Nom :
....

🌐 L'adresse du site :
....

👤 Nom d'utilisateur :
....

🔒 Mot de passe :
....

💬 Remarques :
....

....

◆══════════════════❯❮══════════════════◆

🏠 Nom :
....

🌐 L'adresse du site :
....

👤 Nom d'utilisateur :
....

🔒 Mot de passe :
....

💬 Remarques :
....

....

◆══════════════════❯❮══════════════════◆

🏠 Nom :
....

🌐 L'adresse du site :
....

👤 Nom d'utilisateur :
....

🔒 Mot de passe :
....

💬 Remarques :
....

....

🏠 Nom :

....

🌐 L'adresse du site :

....

👤 Nom d'utilisateur :

....

🔒 Mot de passe :

....

💬 Remarques :

....

....

──────────────◆◆●●─────────→→)(←←─────────●●◆◆──────────────

🏠 Nom :

....

🌐 L'adresse du site :

....

👤 Nom d'utilisateur :

....

🔒 Mot de passe :

....

💬 Remarques :

....

....

──────────────◆◆●●─────────→→)(←←─────────●●◆◆──────────────

🏠 Nom :

....

🌐 L'adresse du site :

....

👤 Nom d'utilisateur :

....

🔒 Mot de passe :

....

💬 Remarques :

....

....

🏠Nom : ....

🌐L'adresse du site : ....

👤 Nom d'utilisateur : ....

🔒 Mot de passe : ....

💬Remarques : ....

....

◆◀◀•●●━━━━━━━━━━━━━━━⟫◯⟪━━━━━━━━━●•●▶▶◆

🏠Nom : ....

🌐L'adresse du site : ....

👤 Nom d'utilisateur : ....

🔒 Mot de passe : ....

💬Remarques : ....

....

◆◀◀•●●━━━━━━━━━━━━━━━⟫◯⟪━━━━━━━━━●•●▶▶◆

🏠Nom : ....

🌐L'adresse du site : ....

👤 Nom d'utilisateur : ....

🔒 Mot de passe : ....

💬Remarques : ....

....

🏠Nom :

....

🌐L'adresse du site :

....

👤 Nom d'utilisateur :

....

🔒 Mot de passe :

....

💬Remarques :

....

....

◄━━━━━━━━━━━━━━━━━━━━━━►〇◄━━━━━━━━━━━━━━━━━━━►

🏠Nom :

....

🌐L'adresse du site :

....

👤 Nom d'utilisateur :

....

🔒 Mot de passe :

....

💬Remarques :

....

....

◄━━━━━━━━━━━━━━━━━━━━━━►〇◄━━━━━━━━━━━━━━━━━━━►

🏠Nom :

....

🌐L'adresse du site :

....

👤 Nom d'utilisateur :

....

🔒 Mot de passe :

....

💬Remarques :

....

....

🏠Nom :
....

🌐L'adresse du site :
....

👤Nom d'utilisateur :
....

🔒Mot de passe :
....

💬Remarques :
....

....

———————————————————————————

🏠Nom :
....

🌐L'adresse du site :
....

👤Nom d'utilisateur :
....

🔒Mot de passe :
....

💬Remarques :
....

....

———————————————————————————

🏠Nom :
....

🌐L'adresse du site :
....

👤Nom d'utilisateur :
....

🔒Mot de passe :
....

💬Remarques :
....

....

🏠Nom :

....

🌐L'adresse du site :

....

👤 Nom d'utilisateur :

....

🔒 Mot de passe :

....

💬Remarques :

....

....

⬥◀◀•●━━━━━━━━➤➤◯◀◀━━━━━━●•◀◀▶◀⬥

🏠Nom :

....

🌐L'adresse du site :

....

👤 Nom d'utilisateur :

....

🔒 Mot de passe :

....

💬Remarques :

....

....

⬥◀◀•●━━━━━━━━➤➤◯◀◀━━━━━━●•◀◀▶◀⬥

🏠Nom :

....

🌐L'adresse du site :

....

👤 Nom d'utilisateur :

....

🔒 Mot de passe :

....

💬Remarques :

....

....

🏠 Nom :

....

🌐 L'adresse du site :

....

👤 Nom d'utilisateur :

....

🔒 Mot de passe :

....

💬 Remarques :

....

....

◆◀◀•●•━━•●•▶▶◆

🏠 Nom :

....

🌐 L'adresse du site :

....

👤 Nom d'utilisateur :

....

🔒 Mot de passe :

....

💬 Remarques :

....

....

◆◀◀•●•━━•●•▶▶◆

🏠 Nom :

....

🌐 L'adresse du site :

....

👤 Nom d'utilisateur :

....

🔒 Mot de passe :

....

💬 Remarques :

....

....

🏠Nom :

....

🌐L'adresse du site :

....

👤 Nom d'utilisateur :

....

🔒 Mot de passe :

....

💬Remarques :

....

....

◆◀◀◀•••━━━━━━━━━━━━━━━━⋙⤬⋘━━━━━━━━━━━━━━•••▶▶◆

🏠Nom :

....

🌐L'adresse du site :

....

👤 Nom d'utilisateur :

....

🔒 Mot de passe :

....

💬Remarques :

....

....

◆◀◀◀•••━━━━━━━━━━━━━━━━⋙⤬⋘━━━━━━━━━━━━━━•••▶▶◆

🏠Nom :

....

🌐L'adresse du site :

....

👤 Nom d'utilisateur :

....

🔒 Mot de passe :

....

💬Remarques :

....

....

🏠Nom :
....

🌐L'adresse du site :
....

👤 Nom d'utilisateur :
....

🔒 Mot de passe :
....

💬Remarques :
....

....

━━◄◄•••━━━━━━━━━━━━━━━━➤➤❋◄◄━━━━━━━━━━•••►►►━━

🏠Nom :
....

🌐L'adresse du site :
....

👤 Nom d'utilisateur :
....

🔒 Mot de passe :
....

💬Remarques :
....

....

━━◄◄•••━━━━━━━━━━━━━━━━➤➤❋◄◄━━━━━━━━━•••►►►━━

🏠Nom :
....

🌐L'adresse du site :
....

👤 Nom d'utilisateur :
....

🔒 Mot de passe :
....

💬Remarques :
....

....

🏠Nom :

🌐L'adresse du site :

👤Nom d'utilisateur :

🔒Mot de passe :

💬Remarques :

--- ⟡ ---

🏠Nom :

🌐L'adresse du site :

👤Nom d'utilisateur :

🔒Mot de passe :

💬Remarques :

--- ⟡ ---

🏠Nom :

🌐L'adresse du site :

👤Nom d'utilisateur :

🔒Mot de passe :

💬Remarques :

🏠 Nom :

....

🌐 L'adresse du site :

....

👤 Nom d'utilisateur :

....

🔒 Mot de passe :

....

💬 Remarques :

....

....

━━━━◆═══════════⟫⟨⟨━━━━━━━◆━━━

🏠 Nom :

....

🌐 L'adresse du site :

....

👤 Nom d'utilisateur :

....

🔒 Mot de passe :

....

💬 Remarques :

....

....

━━━━◆═══════════⟫⟨⟨━━━━━━━◆━━━

🏠 Nom :

....

🌐 L'adresse du site :

....

👤 Nom d'utilisateur :

....

🔒 Mot de passe :

....

💬 Remarques :

....

....

🏠Nom :

🌐L'adresse du site :

👤 Nom d'utilisateur :

🔒 Mot de passe :

💬Remarques :

🏠Nom :

🌐L'adresse du site :

👤 Nom d'utilisateur :

🔒 Mot de passe :

💬Remarques :

🏠Nom :

🌐L'adresse du site :

👤 Nom d'utilisateur :

🔒 Mot de passe :

💬Remarques :

🏠Nom :

....

🌐L'adresse du site :

....

👤Nom d'utilisateur :

....

🔒Mot de passe :

....

💬Remarques :

....

....

🏠Nom :

....

🌐L'adresse du site :

....

👤Nom d'utilisateur :

....

🔒Mot de passe :

....

💬Remarques :

....

....

🏠Nom :

....

🌐L'adresse du site :

....

👤Nom d'utilisateur :

....

🔒Mot de passe :

....

💬Remarques :

....

....

🏠Nom :

....

🌐L'adresse du site :

....

👤 Nom d'utilisateur :

....

🔒 Mot de passe :

....

💬Remarques :

....

....

━━━◆╫•••━━━━━━━━━⟫✕⟪━━━━━━━━•••╫◆━━━

🏠Nom :

....

🌐L'adresse du site :

....

👤 Nom d'utilisateur :

....

🔒 Mot de passe :

....

💬Remarques :

....

....

━━━◆╫•••━━━━━━━━━⟫✕⟪━━━━━━━━•••╫◆━━━

🏠Nom :

....

🌐L'adresse du site :

....

👤 Nom d'utilisateur :

....

🔒 Mot de passe :

....

💬Remarques :

....

....

🏠 Nom :

....

🌐 L'adresse du site :

....

👤 Nom d'utilisateur :

....

🔒 Mot de passe :

....

💬 Remarques :

....

....

━━━◆◀◀•●•━━━━━━━━━━━━━━━▶▶◯◀◀━━━━━━━━━━━━━•●•▶▶◆━━━

🏠 Nom :

....

🌐 L'adresse du site :

....

👤 Nom d'utilisateur :

....

🔒 Mot de passe :

....

💬 Remarques :

....

....

━━━◆◀◀•●•━━━━━━━━━━━━━━━▶▶◯◀◀━━━━━━━━━━━━━•●•▶▶◆━━━

🏠 Nom :

....

🌐 L'adresse du site :

....

👤 Nom d'utilisateur :

....

🔒 Mot de passe :

....

💬 Remarques :

....

....

🏠Nom :
....

🌐L'adresse du site :
....

👤 Nom d'utilisateur :
....

🔒 Mot de passe :
....

💬Remarques :
....

....

◄◄‹‹•••———————————————————————»»〇‹‹————————————•••‹‹‹►

🏠Nom :
....

🌐L'adresse du site :
....

👤 Nom d'utilisateur :
....

🔒 Mot de passe :
....

💬Remarques :
....

....

◄◄‹‹•••———————————————————————»»〇‹‹————————————•••‹‹‹►

🏠Nom :
....

🌐L'adresse du site :
....

👤 Nom d'utilisateur :
....

🔒 Mot de passe :
....

💬Remarques :
....

....

Nom :

L'adresse du site :

Nom d'utilisateur :

Mot de passe :

Remarques :

⸻

Nom :

L'adresse du site :

Nom d'utilisateur :

Mot de passe :

Remarques :

⸻

Nom :

L'adresse du site :

Nom d'utilisateur :

Mot de passe :

Remarques :

🏠Nom :

....

🌐L'adresse du site :

....

👤Nom d'utilisateur :

....

🔒Mot de passe :

....

💬Remarques :

....

....

◄╼╫╾●● ➤➤◯◄◄ ●●╾╫╼►

🏠Nom :

....

🌐L'adresse du site :

....

👤Nom d'utilisateur :

....

🔒Mot de passe :

....

💬Remarques :

....

....

◄╼╫╾●● ➤➤◯◄◄ ●●╾╫╼►

🏠Nom :

....

🌐L'adresse du site :

....

👤Nom d'utilisateur :

....

🔒Mot de passe :

....

💬Remarques :

....

....

🏠 Nom :

....

🌐 L'adresse du site :

....

👤 Nom d'utilisateur :

....

🔒 Mot de passe :

....

💬 Remarques :

....

....

🏠 Nom :

....

🌐 L'adresse du site :

....

👤 Nom d'utilisateur :

....

🔒 Mot de passe :

....

💬 Remarques :

....

....

🏠 Nom :

....

🌐 L'adresse du site :

....

👤 Nom d'utilisateur :

....

🔒 Mot de passe :

....

💬 Remarques :

....

....

🏠Nom :

🌐L'adresse du site :

👤 Nom d'utilisateur :

🔒 Mot de passe :

💬Remarques :

....

🏠Nom :

🌐L'adresse du site :

👤 Nom d'utilisateur :

🔒 Mot de passe :

💬Remarques :

....

🏠Nom :

🌐L'adresse du site :

👤 Nom d'utilisateur :

🔒 Mot de passe :

💬Remarques :

....

Nom :

....

L'adresse du site :

....

Nom d'utilisateur :

....

Mot de passe :

....

Remarques :

....

....

Nom :

....

L'adresse du site :

....

Nom d'utilisateur :

....

Mot de passe :

....

Remarques :

....

....

Nom :

....

L'adresse du site :

....

Nom d'utilisateur :

....

Mot de passe :

....

Remarques :

....

....

🏠Nom :

....

🌐L'adresse du site :

....

👤 Nom d'utilisateur :

....

🔒 Mot de passe :

....

💬Remarques :

....

....

————————————◆————————————

🏠Nom :

....

🌐L'adresse du site :

....

👤 Nom d'utilisateur :

....

🔒 Mot de passe :

....

💬Remarques :

....

....

————————————◆————————————

🏠Nom :

....

🌐L'adresse du site :

....

👤 Nom d'utilisateur :

....

🔒 Mot de passe :

....

💬Remarques :

....

....

🏠Nom :

🌐L'adresse du site :

👤Nom d'utilisateur :

🔒Mot de passe :

💬Remarques :

───────────────────────────

🏠Nom :

🌐L'adresse du site :

👤Nom d'utilisateur :

🔒Mot de passe :

💬Remarques :

───────────────────────────

🏠Nom :

🌐L'adresse du site :

👤Nom d'utilisateur :

🔒Mot de passe :

💬Remarques :

🏠Nom :

🌐L'adresse du site :

👤 Nom d'utilisateur :

🔒 Mot de passe :

💬Remarques :

🏠Nom :

🌐L'adresse du site :

👤 Nom d'utilisateur :

🔒 Mot de passe :

💬Remarques :

🏠Nom :

🌐L'adresse du site :

👤 Nom d'utilisateur :

🔒 Mot de passe :

💬Remarques :

🏠 Nom :
....

🌐 L'adresse du site :
....

👤 Nom d'utilisateur :
....

🔒 Mot de passe :
....

💬 Remarques :
....

....

━━━◆◀◀•••━━━━━━━━━━━━━━━⟫◯⟪━━━━━━━━━━━━━━•••▶▶◆━━━

🏠 Nom :
....

🌐 L'adresse du site :
....

👤 Nom d'utilisateur :
....

🔒 Mot de passe :
....

💬 Remarques :
....

....

━━━◆◀◀•••━━━━━━━━━━━━━━━⟫◯⟪━━━━━━━━━━━━━━•••▶▶◆━━━

🏠 Nom :
....

🌐 L'adresse du site :
....

👤 Nom d'utilisateur :
....

🔒 Mot de passe :
....

💬 Remarques :
....

....

🏠Nom :

....

🌐L'adresse du site :

....

👤 Nom d'utilisateur :

....

🔒 Mot de passe :

....

💬Remarques :

....

....

──◆❖──────────❯❮──────────❖◆──

🏠Nom :

....

🌐L'adresse du site :

....

👤 Nom d'utilisateur :

....

🔒 Mot de passe :

....

💬Remarques :

....

....

──◆❖──────────❯❮──────────❖◆──

🏠Nom :

....

🌐L'adresse du site :

....

👤 Nom d'utilisateur :

....

🔒 Mot de passe :

....

💬Remarques :

....

....

🏠Nom :

....

🌐L'adresse du site :

....

👤Nom d'utilisateur :

....

🔒Mot de passe :

....

💬Remarques :

....

———◆◀◀•••———————►►◯◀◀———————•••◀◀◆———

🏠Nom :

....

🌐L'adresse du site :

....

👤Nom d'utilisateur :

....

🔒Mot de passe :

....

💬Remarques :

....

———◆◀◀•••———————►►◯◀◀———————•••◆———

🏠Nom :

....

🌐L'adresse du site :

....

👤Nom d'utilisateur :

....

🔒Mot de passe :

....

💬Remarques :

....

....

🏠Nom :
....

🌐L'adresse du site :
....

👤 Nom d'utilisateur :
....

🔒 Mot de passe :
....

💬Remarques :
....

....

━━◆━━━━━━━━━━━━━━━━━━━━━━━◆━━

🏠Nom :
....

🌐L'adresse du site :
....

👤 Nom d'utilisateur :
....

🔒 Mot de passe :
....

💬Remarques :
....

....

━━◆━━━━━━━━━━━━━━━━━━━━━━━◆━━

🏠Nom :
....

🌐L'adresse du site :
....

👤 Nom d'utilisateur :
....

🔒 Mot de passe :
....

💬Remarques :
....

....

🏠Nom :

....

🌐L'adresse du site :

....

👤 Nom d'utilisateur :

....

🔒 Mot de passe :

....

💬Remarques :

....

....

◄◄◄•••——————————————»»◯◄◄——————————————•••►►►

🏠Nom :

....

🌐L'adresse du site :

....

👤 Nom d'utilisateur :

....

🔒 Mot de passe :

....

💬Remarques :

....

....

◄◄◄•••——————————————»»◯◄◄——————————————•••►►►

🏠Nom :

....

🌐L'adresse du site :

....

👤 Nom d'utilisateur :

....

🔒 Mot de passe :

....

💬Remarques :

....

....

⌂Nom :

....

🌐L'adresse du site :

....

👤 Nom d'utilisateur :

....

🔒 Mot de passe :

....

💬Remarques :

....

....

◄◄◄••••─────────────►►❮❯❰─────────────••••►►►◄

⌂Nom :

....

🌐L'adresse du site :

....

👤 Nom d'utilisateur :

....

🔒 Mot de passe :

....

💬Remarques :

....

....

◄◄◄••••─────────────►►❮❯❰─────────────••••►►►◄

⌂Nom :

....

🌐L'adresse du site :

....

👤 Nom d'utilisateur :

....

🔒 Mot de passe :

....

💬Remarques :

....

....

🏠Nom :

....

🌐L'adresse du site :

....

👤Nom d'utilisateur :

....

🔒Mot de passe :

....

💬Remarques :

....

....

━━◆◄◄•●•━━━━━━━━━━━━━➤➤〇◄◄━━━━━━━━━━━━━•●•►►◆━━

🏠Nom :

....

🌐L'adresse du site :

....

👤Nom d'utilisateur :

....

🔒Mot de passe :

....

💬Remarques :

....

....

━━◆◄◄•●•━━━━━━━━━━━━━➤➤〇◄◄━━━━━━━━━━━━━•●•►►◆━━

🏠Nom :

....

🌐L'adresse du site :

....

👤Nom d'utilisateur :

....

🔒Mot de passe :

....

💬Remarques :

....

....

🏠Nom :

....

🌐L'adresse du site :

....

👤 Nom d'utilisateur :

....

🔒 Mot de passe :

....

💬Remarques :

....

....

◀━━━━━━━━━━━━━━━━━━━━━━━━━━━━━━▶

🏠Nom :

....

🌐L'adresse du site :

....

👤 Nom d'utilisateur :

....

🔒 Mot de passe :

....

💬Remarques :

....

....

◀━━━━━━━━━━━━━━━━━━━━━━━━━━━━━━▶

🏠Nom :

....

🌐L'adresse du site :

....

👤 Nom d'utilisateur :

....

🔒 Mot de passe :

....

💬Remarques :

....

....

🏠Nom :

🌐L'adresse du site :

👤Nom d'utilisateur :

🔒Mot de passe :

💬Remarques :

⬥◀◀•●•━━━━━━━━━➤➤◯◀◀━━━━━━━━━•●•➤➤◀⬥

🏠Nom :

🌐L'adresse du site :

👤Nom d'utilisateur :

🔒Mot de passe :

💬Remarques :

⬥◀◀•●•━━━━━━━━━➤➤◯◀◀━━━━━━━━━•●•➤➤◀⬥

🏠Nom :

🌐L'adresse du site :

👤Nom d'utilisateur :

🔒Mot de passe :

💬Remarques :

🏠Nom :
....

🌐L'adresse du site :
....

👤Nom d'utilisateur :
....

🔒Mot de passe :
....

💬Remarques :
....

....

◄◄◄•●•————————————►►○◄◄————————•●•►►►◄

🏠Nom :
....

🌐L'adresse du site :
....

👤Nom d'utilisateur :
....

🔒Mot de passe :
....

💬Remarques :
....

....

◄◄◄•●•————————————►►○◄◄————————•●•►►►◄

🏠Nom :
....

🌐L'adresse du site :
....

👤Nom d'utilisateur :
....

🔒Mot de passe :
....

💬Remarques :
....

....

🏠 Nom :

....

🌐 L'adresse du site :

....

👤 Nom d'utilisateur :

....

🔒 Mot de passe :

....

💬 Remarques :

....

....

◆─────────────────➤✕←─────────────────◆

🏠 Nom :

....

🌐 L'adresse du site :

....

👤 Nom d'utilisateur :

....

🔒 Mot de passe :

....

💬 Remarques :

....

....

◆─────────────────➤✕←─────────────────◆

🏠 Nom :

....

🌐 L'adresse du site :

....

👤 Nom d'utilisateur :

....

🔒 Mot de passe :

....

💬 Remarques :

....

....

🏠Nom :

🌐L'adresse du site :

👤Nom d'utilisateur :

🔒Mot de passe :

💬Remarques :

━━━◆━━━━━━━━━━━━━━━━━⟩⟨⟨━━━━━━━━━◆━━━

🏠Nom :

🌐L'adresse du site :

👤Nom d'utilisateur :

🔒Mot de passe :

💬Remarques :

━━━◆━━━━━━━━━━━━━━━━━⟩⟨⟨━━━━━━━━━◆━━━

🏠Nom :

🌐L'adresse du site :

👤Nom d'utilisateur :

🔒Mot de passe :

💬Remarques :

🏠 Nom :

....

🌐 L'adresse du site :

....

👤 Nom d'utilisateur :

....

🔒 Mot de passe :

....

💬 Remarques :

....

....

⬥◄◄•●━━━━━━━━━━━━⟫✕⟪━━━━━━━━━━━━●•►►⬥

🏠 Nom :

....

🌐 L'adresse du site :

....

👤 Nom d'utilisateur :

....

🔒 Mot de passe :

....

💬 Remarques :

....

....

⬥◄◄•●━━━━━━━━━━━━⟫✕⟪━━━━━━━━━━━━●•►►⬥

🏠 Nom :

....

🌐 L'adresse du site :

....

👤 Nom d'utilisateur :

....

🔒 Mot de passe :

....

💬 Remarques :

....

....

🏠 Nom :

....

🌐 L'adresse du site :

....

👤 Nom d'utilisateur :

....

🔒 Mot de passe :

....

💬 Remarques :

....

....

━━━━◆╫•●•━━━━━━━━━━━━━━━➤➤◯◄◄━━━━━━━━━━━━•●•╫◆━━━━

🏠 Nom :

....

🌐 L'adresse du site :

....

👤 Nom d'utilisateur :

....

🔒 Mot de passe :

....

💬 Remarques :

....

....

━━━━◆╫•●•━━━━━━━━━━━━━━━➤➤◯◄◄━━━━━━━━━━━━•●•╫◆━━━━

🏠 Nom :

....

🌐 L'adresse du site :

....

👤 Nom d'utilisateur :

....

🔒 Mot de passe :

....

💬 Remarques :

....

....

⌂Nom :

⊕L'adresse du site :

♟Nom d'utilisateur :

🔒Mot de passe :

💬Remarques :

⌂Nom :

⊕L'adresse du site :

♟Nom d'utilisateur :

🔒Mot de passe :

💬Remarques :

⌂Nom :

⊕L'adresse du site :

♟Nom d'utilisateur :

🔒Mot de passe :

💬Remarques :

🏠Nom :

🌐L'adresse du site :

👤 Nom d'utilisateur :

🔒 Mot de passe :

💬Remarques :

🏠Nom :

🌐L'adresse du site :

👤 Nom d'utilisateur :

🔒 Mot de passe :

💬Remarques :

🏠Nom :

🌐L'adresse du site :

👤 Nom d'utilisateur :

🔒 Mot de passe :

💬Remarques :

Nom :

L'adresse du site :

Nom d'utilisateur :

Mot de passe :

Remarques :

Nom :

L'adresse du site :

Nom d'utilisateur :

Mot de passe :

Remarques :

Nom :

L'adresse du site :

Nom d'utilisateur :

Mot de passe :

Remarques :

🏠 Nom :

....

🌐 L'adresse du site :

....

👤 Nom d'utilisateur :

....

🔒 Mot de passe :

....

💬 Remarques :

....

....

◆◀────●───────────≫✕≪───────────●────▶◆

🏠 Nom :

....

🌐 L'adresse du site :

....

👤 Nom d'utilisateur :

....

🔒 Mot de passe :

....

💬 Remarques :

....

....

◆◀────●───────────≫✕≪───────────●────▶◆

🏠 Nom :

....

🌐 L'adresse du site :

....

👤 Nom d'utilisateur :

....

🔒 Mot de passe :

....

💬 Remarques :

....

....

🏠 Nom :

....

🌐 L'adresse du site :

....

👤 Nom d'utilisateur :

....

🔒 Mot de passe :

....

💬 Remarques :

....

....

◆◄◄••—————————➤➤✕◄◄—————————••►►◆

🏠 Nom :

....

🌐 L'adresse du site :

....

👤 Nom d'utilisateur :

....

🔒 Mot de passe :

....

💬 Remarques :

....

....

◆◄◄••—————————➤➤✕◄◄—————————••►►◆

🏠 Nom :

....

🌐 L'adresse du site :

....

👤 Nom d'utilisateur :

....

🔒 Mot de passe :

....

💬 Remarques :

....

....

🏠Nom :

....

🌐L'adresse du site :

....

👤 Nom d'utilisateur :

....

🔒 Mot de passe :

....

💬Remarques :

....

....

―――――――――――――――――――――――――――――――――

🏠Nom :

....

🌐L'adresse du site :

....

👤 Nom d'utilisateur :

....

🔒 Mot de passe :

....

💬Remarques :

....

....

―――――――――――――――――――――――――――――――――

🏠Nom :

....

🌐L'adresse du site :

....

👤 Nom d'utilisateur :

....

🔒 Mot de passe :

....

💬Remarques :

....

....

🏠Nom :

🌐L'adresse du site :

👤Nom d'utilisateur :

🔒Mot de passe :

💬Remarques :

🏠Nom :

🌐L'adresse du site :

👤Nom d'utilisateur :

🔒Mot de passe :

💬Remarques :

🏠Nom :

🌐L'adresse du site :

👤Nom d'utilisateur :

🔒Mot de passe :

💬Remarques :

🏠Nom :
....

🌐L'adresse du site :
....

👤 Nom d'utilisateur :
....

🔒 Mot de passe :
....

💬Remarques :
....

....

━━◆◄◄•••━━━━━━━━━━━━━━━━━»)(«━━━━━━━━━━•••◄◄◆━━

🏠Nom :
....

🌐L'adresse du site :
....

👤 Nom d'utilisateur :
....

🔒 Mot de passe :
....

💬Remarques :
....

....

━━◆◄◄•••━━━━━━━━━━━━━━━━━»)(«━━━━━━━━━━•••◄◄◆━━

🏠Nom :
....

🌐L'adresse du site :
....

👤 Nom d'utilisateur :
....

🔒 Mot de passe :
....

💬Remarques :
....

....

🏠Nom :

🌐L'adresse du site :

👤Nom d'utilisateur :

🔒Mot de passe :

💬Remarques :

🏠Nom :

🌐L'adresse du site :

👤Nom d'utilisateur :

🔒Mot de passe :

💬Remarques :

🏠Nom :

🌐L'adresse du site :

👤Nom d'utilisateur :

🔒Mot de passe :

💬Remarques :

🏠Nom :

🌐L'adresse du site :

👤 Nom d'utilisateur :

🔒 Mot de passe :

💬Remarques :

🏠Nom :

🌐L'adresse du site :

👤 Nom d'utilisateur :

🔒 Mot de passe :

💬Remarques :

🏠Nom :

🌐L'adresse du site :

👤 Nom d'utilisateur :

🔒 Mot de passe :

💬Remarques :

🏠Nom :

....

🌐L'adresse du site :

....

👤Nom d'utilisateur :

....

🔒Mot de passe :

....

💬Remarques :

....

....

◆◀◀•●━━━━━━━━━━━➤〉〈◀━━━━━━━━•●•▶▶◆

🏠Nom :

....

🌐L'adresse du site :

....

👤Nom d'utilisateur :

....

🔒Mot de passe :

....

💬Remarques :

....

....

◆◀◀•●━━━━━━━━━━━➤〉〈◀━━━━━━━━•●•▶▶◆

🏠Nom :

....

🌐L'adresse du site :

....

👤Nom d'utilisateur :

....

🔒Mot de passe :

....

💬Remarques :

....

....

🏠Nom :

....

🌐L'adresse du site :

....

👤 Nom d'utilisateur :

....

🔒 Mot de passe :

....

💬Remarques :

....

....

──────────────────────────⟫✕⟪──────────────────────────

🏠Nom :

....

🌐L'adresse du site :

....

👤 Nom d'utilisateur :

....

🔒 Mot de passe :

....

💬Remarques :

....

....

──────────────────────────⟫✕⟪──────────────────────────

🏠Nom :

....

🌐L'adresse du site :

....

👤 Nom d'utilisateur :

....

🔒 Mot de passe :

....

💬Remarques :

....

....